JN437281

# 소

## 최수연

서울에 살다가 몇 년 전 목수를 꿈꾸며 서울과 가까운 시골로 이사했다. 소를 키우는 아랫동네 친구 집에 가보고, 우리도 소 한 마리 키우자는 아이들의 성화에 정말 소를 키울 수 있을까 잠시 생각했다. 하지만 이내 현실로 돌아와 소를 키울 수 없는 이유를 아이들에게 설명하고, 이제껏 사진으로 찍어 두었던 소를 책으로 내기로 결심했다. 주위에서는 이참에 진짜 소도 한 마리 키워보라는 농담을 건네지만 책으로, 사진으로 키우는 소가 훨씬 더 적성에 맞는다고 생각한다.

소 파동이 있던 무렵 소를 몰고 풀을 먹이러 가본 것이 소 먹인 경험의 전부다. 가끔씩 고삐를 손에 잡고 가슴 졸이던 어린 시절을 잠깐 보내고 이후 내내 도시에서 생활했다. 작두로 볏짚을 썰어 넣고 소죽을 끓이던 아궁이 옆에서 소보다는 감자 익어가는 냄새에 더 마음이 가던 유년 시절이 소에 대한 기억의 대부분이다.

사진으로 밥벌이하면서 우연처럼 우리 땅에서 나고 자라는 다양한 생명에 깊은 관심을 갖게 되었다. 농사의 근원이 되는 소와 벼, 나팔꽃, 사과나무 등 우리의 삶과 자연을 다룬 어린이 책 작업에도 참여해왔다. 서울과 대구에서 몇 번의 사진전을 열었고, 지은 책으로 《논, 밥 한그릇의 시원》(마고북스, 2007)이 있다.

땅과 사람을 이어주던 생명

# 소

1판1쇄 펴낸날 2011년 10월 1일

지은이_최수연

펴낸곳_그물코

펴낸이_장은성

표지 타이포그래피_정병규

사진편집_심환근

편집_김수진 정연숙

아트디렉트_정정호

북디자인_정정호, 허보람

스캔 및 색보정 다룸

제작 (주)그래픽코리아

출판등록일 2001.5.29(제10-2156호)

주소 (350-811) 충남 홍성군 홍동면 운월리 368번지

전화 041-631-3914

팩스 041-631-3924

전자우편 network7@naver.com

누리집 gmulko.cafe24.com

값 20,000원

ISBN 978-89-90090-66-9 03810

# 땅과 사람을 이어주던 생명

최수연 글·사진

그물코

이제 일하는 소는 거의 볼 수 없다. 십여 년 전만 해도 길에서 흔히 볼 수 있던 풍경은 한 세대를 넘기지 못하고 사라졌다.
들녘의 일꾼으로, 사람의 친구로 몇 백 년을 함께했던, 그러나 지금은 동화책에서나 만나게 된 일하는 소 이야기는 이렇게 사진으로 기록되면서 시작한다.

풀을 먹을 수 없는 겨울에는 소죽을 끓여서 먹였다. 사람이 먹고 난 그릇을 설거지하고 나온 구정물로 소죽을 끓였지만 오염될 것이 없었다. 채식 위주의 식단이었으니 구정물도 채식이다.

볏짚과 묵은 된장을 넣고 소죽을 끓이면 구수한 냄새가 났다. 음식물 찌꺼기는 모두 소를 줬다니 음식물 쓰레기 걱정도 없었을 것이다. 이렇게 끓인 소죽은 사람이 먹어도 탈이 없단다. 오히려 영양가가 더 많다고 한다. 겨 가루와 쭉정이 콩을 넣는 때는 특별한 소죽을 끓이는 날이다. 가끔씩 옥수숫대나 수숫대를 잘라 넣기도 했다.

소 닭 보듯 한다더니 소는 닭에 별로 관심이 없다. 닭이 근처에 오든 말든 상관하지 않는다. 그런 소도 말은 싫어한단다. 자신은 열심히 일을 하는데 말은 일은 하지 않고 음식만 축내기 때문이다.
그래서 마구간과 외양간을 가까이 지으면 둘 다 잘 자라지 못한다고 한다.

# 차례

머리말

# 옛날 옛적 소가 일을 하던 시절에

초등학교 다닐 무렵 시골 할아버지 댁에 소가 한 마리 있었다. 소는 아랫방이라 불리는 방에 딸린 외양간에서 키웠는데, 할아버지는 아랫방에 기거하시며 소를 돌보곤 하셨다. 외양간 한 켠에 놓인 아궁이에는 커다란 가마솥이 걸려 있었는데 소죽 전용이었다. 소죽을 끓이면서 방을 데우는 역할을 동시에 했다. 겨울에는 외양간을 따뜻하게 하는 역할도 했다. 아침저녁으로 소죽을 끓였는데, 볏짚을 작두로 썰어 가마솥에 넣고 아궁이에 불을 지폈다. 한참을 끓여 충분히 익은 볏짚을 여물통에 물과 함께 듬뿍 넣어주었다. 대체 무슨 맛이나 날까 싶은 소죽을 소는 우물우물 맛있게도 먹었다. 얼마 후에는 소가 새끼를 낳아 식구가 불었다.

방학이면 습관처럼 가는 시골은 이렇다 할 놀잇거리도 없고, 딱히 신나는 일도 없는 무료한 곳이었다. 사실 하기로 치자면 아무것도 하지 않을 수도 있는 곳이 시골이기 때문이다. 쳇바퀴를 도는 다람쥐처럼 하루 종일 학원가를 뱅뱅 도는 요즘 아이들에게는 오히려 신선놀음처럼 느껴질지도 모르지만 그

시절에는 많은 아이들이 스스로 공부하는 방법을 찾듯 노는 방법도 스스로 찾아야 했다.

겨울방학에는 마을을 에두르는 개천이 꽁꽁 얼면 그곳에 나가 엉덩이가 얼얼해지도록 썰매를 타는 게 전부였고, 여름방학에는 그 개천에서 낚시를 하는 게 하루 일과였다. 낮이 길기만 한 여름에는 가끔 할아버지를 따라 어미소와 송아지를 몰고 꼴을 먹이러 산으로 가곤 했다. 소나무 숲이 있는 넓은 풀밭으로 소를 몰고 가서 풀어두면 알아서 풀을 뜯었다. 한쪽에서 열심히 풀을 뜯다가 느린 걸음으로 다른 쪽으로 옮겨가 풀을 뜯었다. 소는 주인에게서 멀리 떨어지지 않고 주위를 맴돌면서 열심히 풀만 뜯었다. 해거름이 되면 어미소를 이끌고 집으로 돌아왔다. 그러면 송아지는 저절로 따라왔다. 어린 시절 소에 대한 기억은 이것이 전부다.

세월이 흘러 나는 어른이 되었고, 명절 때마다 찾아간 시골집 외양간에는 언제부터인가 소가 살지 않았다. 내가 자란 만큼 나이가 드신 할아버지는 더 이상 농사를 지을 수 없게 되었고, 소를 먹일 필요도 여력도 없어졌다. 남아 있는 것은 쟁기며 소를 끌던 멍에 정도다. 그제서야 나는 그 소가 할아버지를 도와 농사를 짓던 일꾼이었다는 사실을 깨달았다.

텅 비어 허물어져가는 외양간처럼 소에 대한 나의 기억도 날이 갈수록 흐릿해졌다. 그리고 얼마 지나지 않아 낡은 집을 허물고 새 집을 짓는 바람에 외양간도 소의 유물도 없어져 버렸다.

내가 다시 일하는 소를 보게 된 때는 대학을 졸업한 다음이었다. 어린 시절에는 도시만 조금 벗어나면 쉽게 볼 수 있던 일하는 소를 보려면 점점 더 깊숙

한 산골로 들어가야 했다. 남해, 진도, 평창, 정선 등에서 꽤 많은 일하는 소가 농부와 함께 열심히 살아가고 있었다. 하지만 그것도 10년도 훨씬 전의 일이다. 일소를 부려 농사를 짓는 농부들이 더 이상 일을 할 수 없게 되면서 소도 덩달아 일손을 놓고 놀게 되었다. 그저 되새김질만 반복하며 빈둥빈둥 놀고 있었다.

소가 하던 모든 일을 기계가 대신하면서 소는 더 이상 인간과 더불어 2~30년씩 살아갈 명분이 없어졌다. 노동을 고난이라 여기는 인간의 입장에서 생각하자면 더 이상 일을 하지 않아도 되는 지금의 소가 훨씬 팔자 편한 것일지도 모르지만, 오늘날 소의 일생은 그리 순탄치가 않다. 농가의 가장 큰 재산이자 농부의 동반자 지위를 누리던 소는 이제 고기로서의 의미만 갖는다. 일을 하지 않게 된 소는 죽기 위해 사육을 당하면서 죽을 날만을 기다리게 되었다.

2010년 전국에 구제역이 돌았다. 경북 안동에서 시작된 구제역이 전국을 한 바퀴 돌아 걷잡을 수 없을 지경에 이르렀다. 살처분을 해도 해도 구제역의 전염 속도를 따라잡지 못했다. 구제역에 걸린 소는 물론이려니와 단지 구제역에 걸린 소와 이웃에 산다는 이유만으로 많은 소가 죽을 운명에 처해야 했다. 그렇게 소들은 이유를 모른 채 제 삶을 다하지 못하고 죽어갔다. 구제역의 전염 속도가 워낙 빠르기 때문이라고 말하지만, 따지고 보면 모든 것을 경제라는 저울에 달아 계산하는 인간의 탐욕 때문이다. 마당 한 귀퉁이 외양간에서 한두 마리씩 키우던 소가 축산공장으로 옮겨가면서 모든 것이 변했다.

낭만적인 시골 풍경에 더 이상 소는 등장하지 않는다. 농부와 평생을 같이 하며 일하는 소는 더 이상 이 땅에 존재하지 않을 것이고, 볼 수 있는 기회도 없어질 것이다. 내 아이들이 어른이 되면 세상은 소가 일을 했다는 사실조차 잊을 수도 있다. 일하는 소를 책이나 영상을 통해서만 본 내 아이는 그 다음 세대에게 일하는 소에 대한 이야기를 전하지 못할 것이다. '호랑이 담배 피우던 시절' 대신 '소가 일을 하던 시절'이라는 말이 등장해 소가 일을 했다는 사실이 판타지가 될지도 모르겠다.

이 책은 수천 년 인간과 더불어 이 땅에서 일해왔던 소에 대한 작은 이야기다. 일하는 소를 목격한 마지막 세대가 될 지도 모르는 우리 세대에서 일소의 모습을 기록한 책이다. 그물코출판사의 노력이 없었다면 이 기록은 세상 밖으로 나서지도 못했을 것이다. 그리고 여기에 담긴 수많은 사진들 역시 세월의 먼지를 먹고 서랍 속에 잠들어 있었을 것이다.

이 책에 나오는 소들은 1997년부터 2011년 사이 이 땅에 살았던 일하는 소다. 그 이전의 소는 또 다른 누군가가 기록으로 남겨놓았길 바란다.

2000년 이후 많은 소들이 일손을 놓았다. 일손을 놓으면서 서서히 이 땅에서 사라져가는 일소들의 노고를 기억하기 위해, 그들의 은퇴 선물로 이 책을 바친다.

2011년 10월

최수연

소는 자기 먹을 것을 농사짓는 유일한 동물이다.

# 소로 말하자면

눈이 크면 겁이 많다고 했다. 소가 바로 그랬다. 소가 커다란 눈망울을 이리저리 굴리면 나도 눈 둘 바를 몰랐다. 카메라를 여기저기 들이대면 그 큰 눈을 카메라 따라 이리저리 굴리는 게 영 불안해 보인다. 하지만 눈만 굴렸지 네 다리는 땅에 박아 놓은 말뚝모양 떡 버티고 서 있는 것이 몸은 전혀 불안해 보이지 않는다.

새벽부터 소를 끌고 나가 일을 시켜도 뜨거운 한낮에는 일을 쉬게 했다. 한가로이 그늘에서 풀을 뜯게 했다. 소가 쓰러지면 장정 열댓 명이 쓰러지는 거나 마찬가지였기 때문에 소의 건강이 무엇보다 중요했다. 우리 민족은 사람이 힘든 노동에서 벗어나게 된 가장 큰 이유가 소 때문이라고 여겼다. 농사일에 관한 한 힘든 일은 소가 도맡아 했다. 그래서 예로부터 소는 집에서 지내는 머슴처럼 사람대접 받으며 한 식구처럼 살았다.

한 이십년 농부와 밭을 간 소는 어설픈 농부보다 낫다고 했다. 노련한 소가 신출내기 농부와 밭에 나가면 농부가 소를 끄는 것이 아니라 소가 농부를 끄는 것처럼 보인다. 실제로도 그렇다. 그렇게 한 평생 농사를 지으며 살아온 지난날 소의 삶은 경이로웠다. 평소 자신을 돌봐주던 할머니의 죽음을 알고 묘소를 찾아 눈물을 흘리고, 집으로 돌아오는 길에 문상을 간 의로운 소는 소가 아니라 사람인 듯싶다. 이후 의로운 소는 이십년 동안 천수를 누리고 꽃상여를 타고 세상을 떠났다. 어느 동물이 이런 삶을 살다 갈 수 있겠는가. 소는 죽을 때가 되면 사람이 다 된다.

소는 모내기철과 추수철이면 제일 바쁘다. 쟁기질, 써레질, 볏섬 나르기 모두 소가 도맡았다.
중요한 짐을 나를 때도 소의 힘을 빌렸다. 겨울용 땔감을 나르고, 거름을 싣고, 쌀가마니를 나르는 일 모두 소의 몫이다.

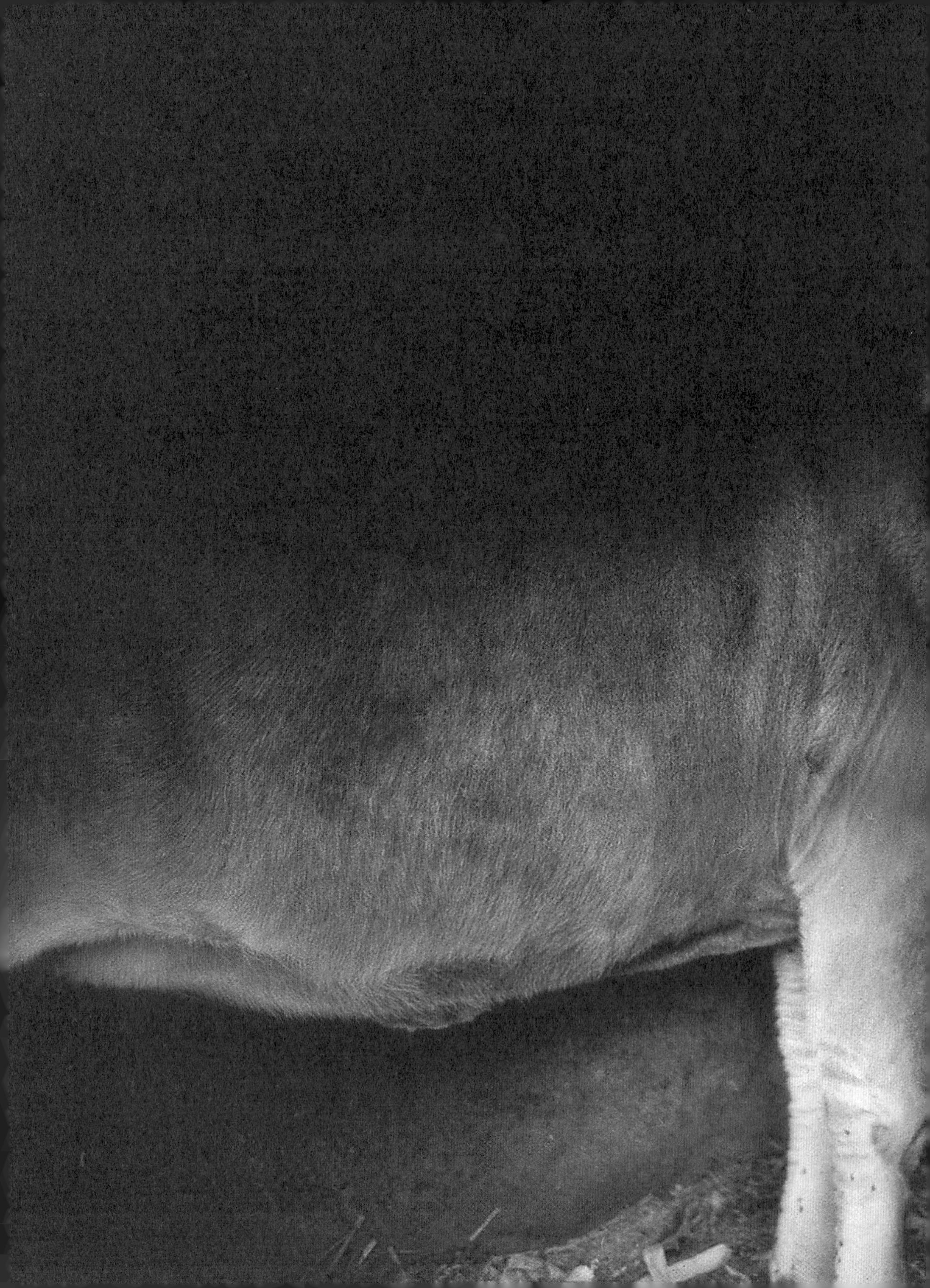

농사일에 농기구를 쓴 기록의 시작은 신라 눌지왕 22년(서기 348년)이다. 농우도 그때부터 쓴 것으로 전한다.
그 뒤 경운기가 들어와 소를 대신하게 된 때는 1600년이 흘러서이다. 농우 대신 철우의 시대가 된 것이다.

## 일하는 소

소는 유일하게 일을 할 수 있는 동물이었다. 하지만 이제 소는 일손을 놓았다. 일은 하지 않고 사람이 챙겨주는 사료를 먹고 놀고먹을 수 있다. 그것이 축복인지 불행인지 알 길이 없다. 노동에서 벗어나 놀고먹는 것은 사람들의 오랜 갈망이 아닌가. 하지만 소는 스스로 일하지 않았던 것처럼 스스로 일손을 놓지도 못했다. 오로지 사람에 의해서 그리 되었다.

먼 옛날 소는 자연에서 자유롭게 살았다. 그러던 어느 날 사람이 산과 들에서 자유롭게 노닐던 소를 잡아다가 집에서 길렀다. 그때부터 소는 태어나서 죽을 때까지 사람을 위해 일을 해야 했다. 소는 스스로를 위해 일한 적은 한 번도 없다.

어른들은 아이들에게 게으름을 피우면 다음 생에 소로 다시 태어난다고 했다. 죽을 때까지 일만 하다가 죽는 동물이 소였으니, 소로 태어나서 죽도록 일하게 된다는 협박 아닌 협박인 셈이다.

지금 일소로 산다는 것은 소에게는 꿈같은 이야기다.

남이정류소상회

# 소, 밭을 갈다

소가 가는 밭은 늘 비탈밭이나 따비밭이다. 그 풍경은 외줄을 타는 광대처럼 위태위태해 보인다. 하지만 한참을 지켜보면 볼수록 안정적이다. 비탈밭이면 소가 옆으로 쓰러질 것 같지만 경운기보다는 안전하다. 기계가 들어가지 못하는 비탈밭이나 된비알에서는 소가 그 위력을 십분 발휘한다. 그렇다고 소가 효율적이어서 그렇게 하는 것은 아니다. 기계를 다룰 줄 모르고 이제껏 평생 소를 부려온 농부로서는 어쩔 수 없는 노릇이다.

시간이 흐를수록 쟁기를 끄는 소는 힘들어 하고, 고삐를 쥔 농부는 난감해한다. 오늘 안에 일을 마쳐야 하는데 벌써부터 힘에 부치니 말이다. 오랜만에 밭일을 나왔나 보다. 겨우내 빈둥빈둥 놀던 소가 따스한 봄볕에 멍에를 짊어지려니 힘에 겨울 만도 하다. 소는 입에 거품을 부글부글 뿜고, 밭고랑을 가는 농부의 마음은 급하다. 때려도 보고 달래도 보지만 힘이 달리는 것은 어쩔 수 없는 모양이다. 금방이라도 소가 쓰러질 것 같아 보는 이가 다 조마조마하다. 몇 고랑을 갈다가 쟁기를 땅에 꽂고 만다. 소도 한시름 놓는다.

그들의 일터에는 요란한 기계음이 없다. 바람에 딸랑이는 워낭소리와 소를 부리는 농부 소리만 메아리친다.

일하는 소를 농우, 농사꾼 소, 부리는 소, 일소라고 부른다. 기계가 일반화되기 전에 사람은 동물의 힘을 빌려야 했다. 힘의 단위를 주로 마력으로 표기하지만 농사를 지을 때 만큼은 말 대신 소의 힘을 빌린다. 말로 유명한 제주에서도 농사에는 소를 썼다. 말은 빨리 달릴 수는 있지만 소보다 근력이 떨어진다.

1980년대까지만 해도 전 세계 인구의 절반인 20억 명이 가축을 에너지원으로 썼다. 물론 소뿐만 아니라 말, 낙타 등을 포함한 수다. 당시 일하는 가축은 약 2억 8천에서 3억 마리 정도로 추산되었는데, 3억 마리의 가축이 생산하는 총에너지 생산량이 1억 5천만 마력이라고 한다. 이를 트럭이나 트랙터로 환산하면 2천 5백억 달러가 된다.

박제가가 지은 《북학의》에서는 소 한 마리가 여덟 사람 몫을 한다고 했다. 《산림경제》에는 소 한 마리가 하는 일은 아홉 사람이 해도 모자란다고 한다. 일하는 소가 없으면 여덟 사람이 한 조가 되어 밭을 갈았다고 한다.
대체로 암소는 부지런하고 꾀를 부리지 않는다. 황소는 일을 많이 시키면 꾀를 부리고 떼를 썼단다.

풍경1

# 풀밭 위의 식사

"뿌드득 뿌드득"

소 풀 뜯어 먹는 소리다.

냇가 건너에 서 있는데도 소리가 선명하다. 무심코 들으면 누군가 풀 뽑는 소리 같기도 하다. 소리 나는 쪽을 바라보니 풀밭에 예쁘장한 소 한 마리가 눈에 들어온다. 소도 나를 의식했는지 빤히 쳐다보는 것이 서로 민망하다. 가까이 다가가니 갑자기 소리가 멎는다. 우물우물거리던 입도 잠시 멈추고, 커다란 눈망울로 '뉘시오' 하고 묻는 것 같다. 금방이라도 뒷걸음질로 도망갈 듯한 기세다. 이 평화로운 풀밭 위의 식사를 방해하는 이방인을 들이받을 자세도 취한다. 한참 경계를 하다가 안심이 되었는지 다시 풀을 뜯기 시작한다. 커다란 주둥이를 맷돌 돌리듯 움직이기 시작하고, 냇가의 풀은 여지없이 뜯겨나간다. 소가 지나간 자리는 어린애가 서툰 가위질을 한 것처럼 듬성듬성 풀이 뜯겨져 있다. 솜씨 없는 가위질을 보고 소 풀 뜯어 먹은 것 같다고 하는 이유를 알 것 같다.

주인이 저를 데리러 오는가 싶어 풀을 뜯는 중에도 가끔씩 고개를 들어 이리저리 살핀다. 소 주인은 느지막이 데리러 올 요량인가 보다.

소도 풀 맛을 아는지라 아무 풀이나 먹지 않는다. 풀은 이삭이 패기 전 영양가가 제일 많다. 영리한 소는 곡식은 기본이고, 연한 풀만 골라 먹는다. 봄부터 여름까지 부지런히 풀을 뜯어 먹어야 건강하다. 기름새는 소 먹이로 좋다. 부드럽고 연해 소가 좋아하는 풀이다. 억새보다 보드랍고 야들야들하다. 어느 논두렁에나 소가 좋아하는 이삭을 품은 바랭이가 지천이다. 개망초, 쇠비름, 고마리…. 8월이 지나면 풀이 쇠어 소가 먹기 힘들다. 소가 하루에 먹는 풀의 양은 20킬로그램 정도. 쓰는 힘에 비하면 그리 많지 않다.

홀로 남은 소는 해가 기우는 줄도 모르고 풀을 뜯어 먹느라 열심이다. 풀 뜯는 소리가 고요한 풀밭을 경쾌하게 흘러간다.
소는 일단 뱃속에 넣고 본다. 콩, 벼 할 것 없이 닥치는 대로 입으로 가져간다. 정신없이 뜯어 먹고 난 뒤 느긋하게 앉아 되새김질을 한다. 한가로운 소를 보니 꼴망태 지고 가던 풍경이 그립다.

## 생구

살아있는 입. 우리 조상들은 소를 이렇게 불렀다. 생구는 원래 한집에서 같이 밥을 먹고 사는 하인이나 종을 말하는 것인데, 가축 가운데 유일하게 소를 생구라고 불렀다. 사람과 똑같이 하나의 소중한 생명으로 여겼다. 사람은 소를 한솥밥 먹는 생구라 여기고, 소는 집안의 궂은일을 도맡아 했다. 말을 못할 뿐이지 사람이나 다를 바가 없다.

소는 예로부터 일을 시키려고 키웠지 고기 먹을 목적으로 키우지는 않았다. 시대가 변하니 소의 역할도 운명도 바뀌었다. 지금은 소고기 공장이 돼 버린 게 농촌 현실이다.

소는 논갈이가 제일 힘들다. 진땅을 깊이 갈아야 하기 때문이다. 일을 많이 시키면 소는 주저앉아 버린다. 그러면 칡넝쿨과 함께 뱀을 잡아 먹여 힘을 내게 했다.

2353

3372

# 한 칸 외양간

소는 집이 따로 있었다. 여러 식구들이 한 칸 방에서 몸을 부비며 살 때 소는 따로 한 칸을 차지하고 있었다. 사람보다 소가 더 넓은 집에서 살고 있었던 셈이다. 사람이 자는 방 바로 옆에 있었으니 생긴 것만 소지 사람이나 다름없었다. 소는 그곳에서 잠을 자고, 밥을 먹고, 새끼를 낳았다.

문은 옛날 아궁이가 있는 부엌문처럼 소나무로 엮어 만든 여닫이문이었다. 소죽을 끓이는 큰 가마솥이 있었고, 아궁이는 아랫방과 연결되어 있었다. 소죽을 끓이는 동안 아랫방은 저절로 따뜻해졌다. 그곳에서 수많은 소들의 자손들이 들고 났다.

보통 일소들의 외양간은 혼자 지내거나 송아지를 낳아서 잠시 둘이 지낼 수 있는 넓이의 공간이었다. 일하는 소를 여럿 키울 여력이 있는 농가가 드물었기 때문에 집집이 한 마리를 키우는 게 보통이었다. 조선시대에는 집집이 소를 키울 형편도 되지 못했다. 마을 단위로 한 마리가 대부분이었고, 많아야 서너 마리가 마을의 농사일을 도맡았다. 그래서 외양간을 크게 지을 필요가 없었다. 요즘 수십 마리씩 키우는 축사와 사뭇 다른 풍경이다.

정월 대보름에는 외양간 기둥에 구멍이 뚫린 돌을 걸어주는 풍속이 있다. 소를 공경하기 위한 주술 행위이다. 이를 '소돌걸기'라 하는데 구멍 뚫린 돌을 외양간에 걸어주는 것은 소가 외양간에서 짝짓기하는 것을 의미한다. 새끼를 잘 낳으라는 뜻이다. 소의 건강을 기원하는 것이기도 하지만 새끼를 낳아 재

몇 대째 외양간을 지켜오던 소는 어미 때부터 일에서 손을 뗀 지 오래되었다. 집을 지키는 게 유일한 일이다. 일손을 놓고 강아지처럼 제 집을 지키며 이따금씩 움매 움매 울어줄 뿐이다.

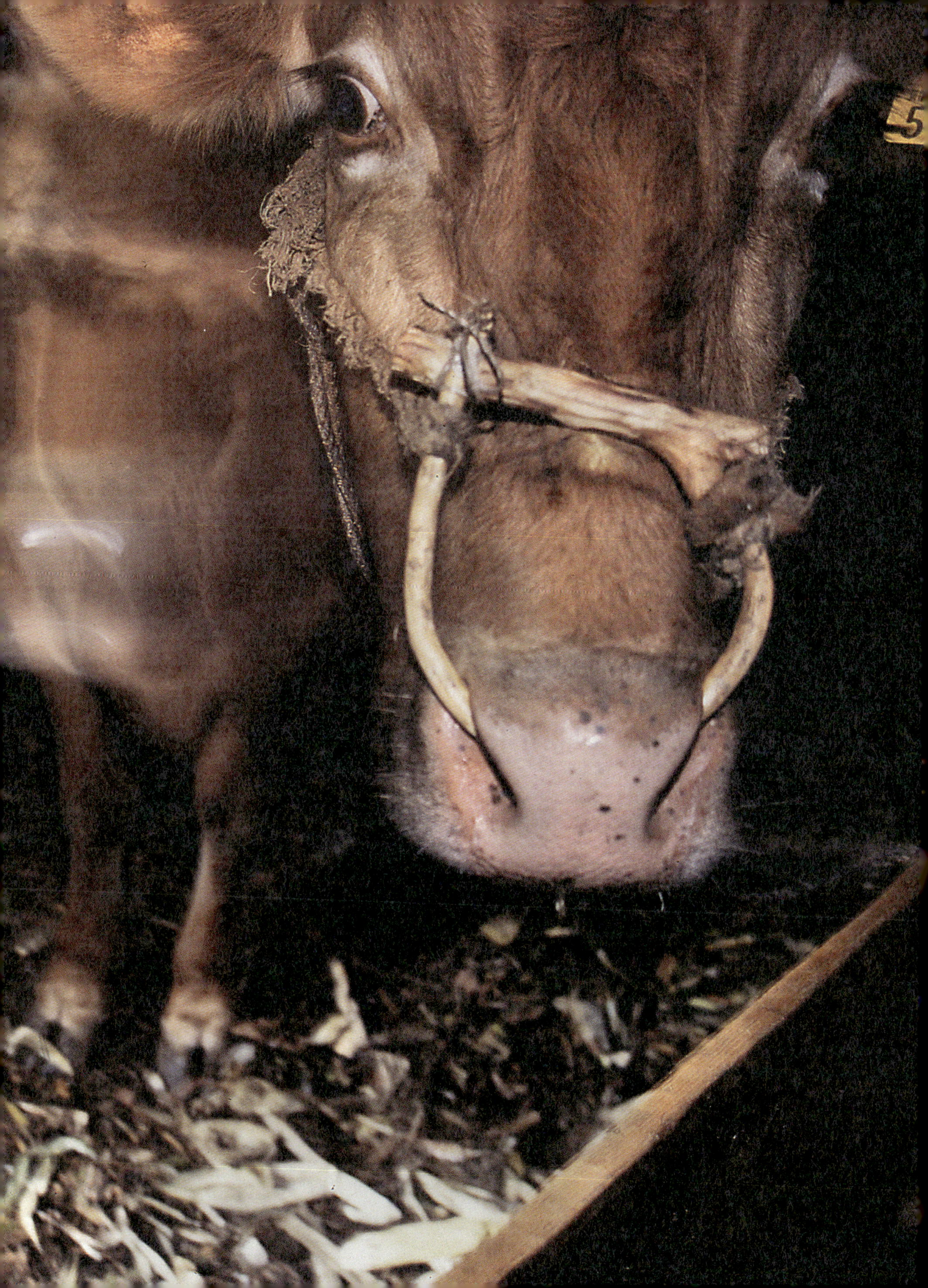

강원도 어느 마을에서 소가 있는 외양간을 만났다. 오래된 기억 속의 외양간과는 사뭇 다르지만 외양간에서 맡을 수 있는 독특한 냄새만은 여전하다.
낯선 사람을 맞이한 소는 얼굴만 빼꼼 내민 채 물끄러미 내다보고 있다. '뉘시오' 하고 우 서방이 묻는것 같다.

산이 늘어나기를 기원하는 것이기도 하다. 집안에 들이는 음식이나 물건의 일부분을 떼어 외양간에 바치는 것은 '수지'라 한다. 이는 소에게 바치는 것이라기보다는 외양간에 거처하는 군웅신 또는 군웅장군을 위하는 것이다. 군웅신은 외양간에 거주하는 가신(家神)으로 소와 말을 관장한다. 군웅신에게 수지를 바쳐 소를 지키는 것이다.

사람들 집을 짓기 시작할 무렵 부엌은 집의 중심이었다. 먹고 사는 문제가 얼마나 중요한지 잘 알고 있었기 때문이다. 음식을 하는 공간인 부엌을 집의 중심에 두고 생활하다가 소와 함께 살면서 소를 재우고 먹여야 할 공간이 필요했다. 이런 경우 외양간을 부엌에 두기도 한다. 강원도에서 볼 수 있는 외양간이 그렇다. 그만큼 소가 집안살림에서 부엌살림처럼 중요한 위치를 차지했다. 같이 일하는 일꾼으로서의 시위를 유지하고 있을 때 이야기다.

보통 이렇게 만든 외양간은 소의 머리가 부엌으로 툭 튀어나와 있다. 밥 하다가 소에게 여물을 주고, 소가 먹을 죽을 사람이 먹을 밥과 함께 부엌에서 끓인다. 설거지를 하면서 나오는 구정물은 구유로 고스란히 들어간다. 부엌의 온기가 외양간으로 전달돼 겨울에는 소가 따뜻하게 지낼 수 있다

강원도에는 지금도 이런 부엌이 남아 있다. 부엌에 지붕을 덧대어 외양간을 만드는데 이런 지붕을 한옥에서는 가적지붕이라고 한다. 강원도에서만 볼 수 있는 지붕 형태다.

소도 쉬는 날이 있었다. 정월의 첫 번째 소날(축일)인데 이날이 모든 소의 생일이다. 이날 하루는 일을 시키지 않았고, 생일 음식을 주었다. 소죽에 콩도 듬뿍 넣어 주었다. 농부는 연장을 다루지도 않았고, 도마질, 방아질도 하지 않았다.

福

소는 요즘 인기가 많은 하이브리드
자동차보다 훨씬 친환경적이다.
풀만 먹고 가고, 거름이 되는 똥을
싸니 말이다.

# 소달구지

농기계나 트럭이 일반화되기 이전 농촌의 운송수단은 소였다. 경운기가 등장하면서부터 소달구지가 점차 사라지기 시작했는데, 경운기를 운전하지 못하는 농부들은 여전히 소를 자가용이나 트럭처럼 이용했다. 비싼 기름도 안 먹고 풀만 줘도 잘만 간다. 사고 날 위험도 적다. 유일한 단점은 빠르지 않다는 것. 하지만 소달구지를 모는 이들은 속도에 그다지 개의치 않는 것 같다. 그냥 느리게 느리게 가는 게 그들의 본래 속도였던 것 같다.

러시아 장교 카르네프가 쓴《내가 본 조선 조선인》에는 소달구지를 이렇게 표현하고 있다.

'조선산 황소와 암소들은 힘과 인내력이 뛰어난 데다 몸집도 세상에서 가장 크다고 할 수 있을 정도였다. 하지만 조선인들이 말에게 마차를 끌게 하지 않고 소에게 짐을 싣거나 안장을 놓아 말처럼 이용하는 것이 매우 독창적이었다.'

소달구지는 느리다는 점만 빼면 매우 유용한 운송수단이다. 소달구지를 사람의 노동력으로 환산하면 10명에서 11명의 노동력을 대신한다.

1970년까지 제주의 우도에서는 소달구지가 유일한 교통수단이었다.

소를 처음 보는 사람들은 다 비슷비슷해 보인다고 하지만,
소 주인은 한눈에 자기 소를 알아본다.

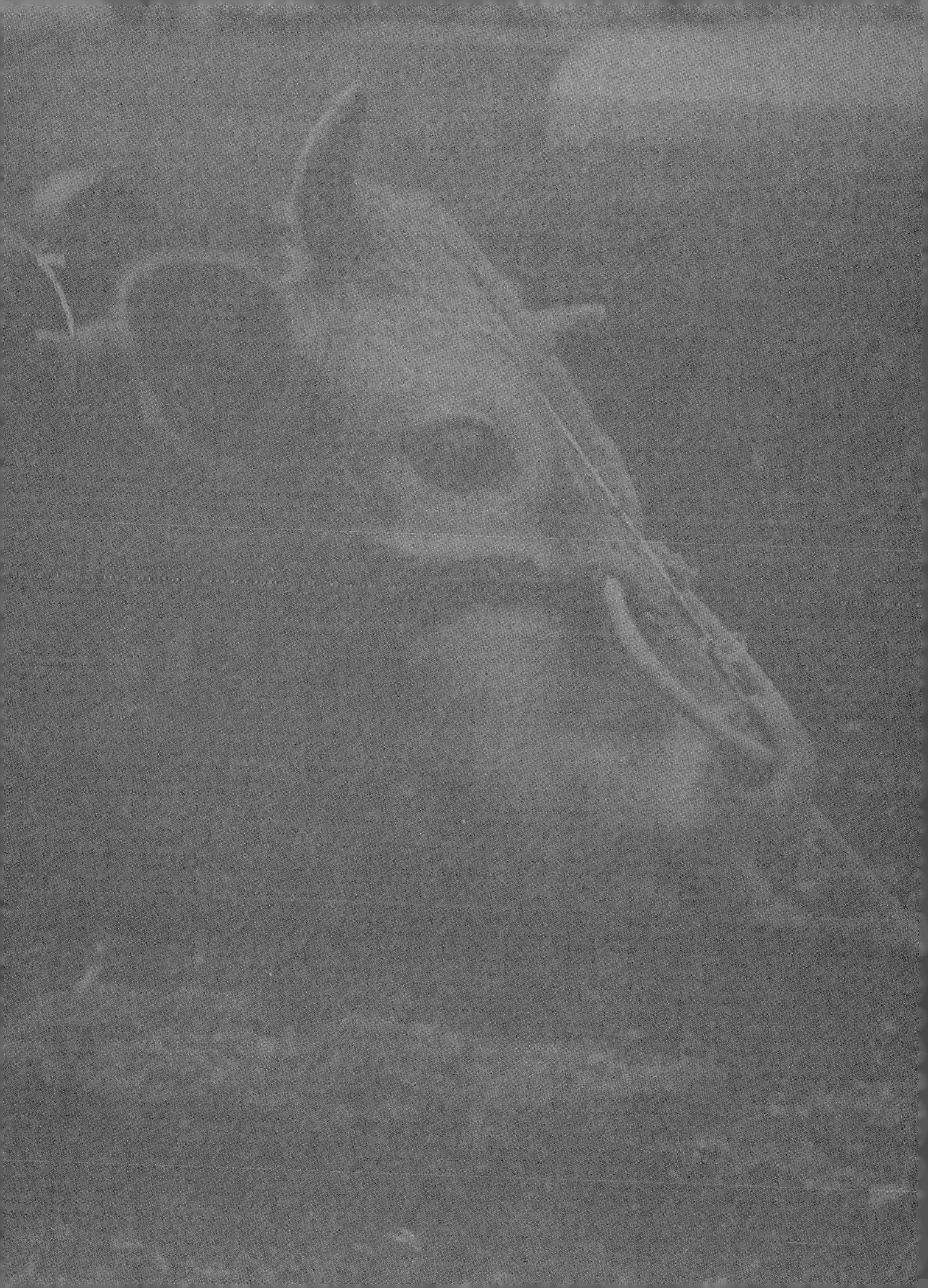

# 소뿔

초식동물이 대개가 그렇듯 소도 두 개의 뿔을 가지고 있다. 무지막지하게 생긴 뿔을 보면 덜컥 겁도 나지만 생각처럼 위협적이지는 않다. 그렇게 큰 덩치에 뿔까지 달고 있으면서도 절대 선제공격을 하는 법이 없다. 소뿔은 누군가의 공격을 막기 위한 것이다. 이따금 성질이 나면 코로 험한 바람을 푹푹 뿜어내면서 달려들 기세를 하지만 막상 뿔로 들이받는 일은 드물다. 싸움을 시켜야 겨우 뿔을 사용할 정도니 이 정도면 온순하다.

이 뿔은 생김새에 따라서 여러 가지가 있다. 고추처럼 생겼다 해서 고추뿔, 뿔 하나는 하늘을 향해 뻗어 있고 다른 하나는 땅을 향해 있는 천지각, 뿔이 뒤로 뒤틀려 있는 자빡뿔 등 그 생김새에 따라 이름을 붙인다. 뿔의 방향을 두고 평각, 전향각, 후향각, 상향각, 하향각 등으로도 부른다.

이 밖에도 새앙뿔, 노구거리, 우걱뿔, 횃대뿔 등 사람 생김새처럼 소뿔의 모양도 제각각이다. 우시장에서 가장 인정받는 뿔은 평각이다. 싸움을 할 때 제일 좋은 것은 고추뿔이다. 아이들이 억지로 소를 몰아 뿔싸움을 시키다가 뿔이 빠지기도 한다. 그러면 소는 어린 아이처럼 울고 앉아 있다. 그 커다란 덩치에 안 어울리게 말이다.

페니키아어의 첫 글자인 알래프는 알파벳 A를 뒤집어 놓은 모양이다. 이는 뿔 달린 소의 머리 모양에서 따왔다고 한다. 이것이 지금 알파벳의 첫 글자인 A가 되었다.

# 소 길들이기

농부는 고삐를 쥔 손을 움켜쥐고 소와 한참을 씨름한다. 소 뒤에는 타이어가 매달려 있고, 타이어 위에는 커다란 돌덩이가 얹혀 있다. 힘겨워하는 소를 아랑곳하지 않고 앞에서 끌던 농부는 잠시 걸음을 멈추고 자리를 바꾼다. 소의 옆에 서서 다그치기 위함이다. 천을 따라 왔던 길을 오가기를 수없이 반복하고 있다. 소도 지치고 농부도 지칠 즈음에 그 일이 끝났는데 해는 벌써 중천에 떠 있었다.

일을 가르치는 사람이나 배우는 소나 힘들기는 똑같다. 말이 통하는 사람이 사람을 가르치기도 힘든데 말도 통하지 않는 소를 가르치기란 얼마나 힘이 들까. 소가 심술을 부리며 일하기 싫다고 사람을 들이받기 시작하면 걷잡을 수 없는 불안감이 든다. 끝끝내 일을 못 배우면 밥만 축내니 장에 내다 팔아야 할 판이다. 그러니 소 입장에서도 꾀부리지 말고 일을 잘 배워야 팔자가 사나와지지 않는다.

소에게 일을 가르치는 적당한 시기가 있다. 너무 늦게 가르치면 소도 말을 안 듣고 일을 시키는 사람도 고되다. 모든 배움에는 때가 있는 법. 일을 하기 시작한지 얼마 되지 않은 소는 겨울을 나고 이듬해 봄이 되면 지난해에 했던 일을 잊어버리기도 한다. 그래서 봄이면 다시 소를 길들여야 한다. 제주도에서는 돌에 직접 구멍을 뚫어 소 뒤에 매달아서 소를 길들였다. 소 길들이기는 쉬운 일이 아니다. 재주가 많으면 평생 그 재주로 먹고 살아야 한다는 인생의 법칙을 소도 아는 모양이다. 일을 하다가 힘이 들면 우직한 소도 떼를 쓴다. 일 많이 시킨다고 주저앉아버릴 때도 있다. 파업인 셈이다.

소마다 차이는 있지만 소 길들이기
는 보통 보름 정도 걸린다.

## 코뚜레

어릴 때 말 안 들으면 소처럼 코 꿰버린다라는 말을 자주 들었다. 천방지축으로 날뛰던 아이를 조용히 시키기 위해 쓰던 어른들의 협박용 자구책 말이었다.

사람의 평균 몸무게는 성인 기준 70킬로그램 정도다. 소는 600킬로그램에서 700킬로그램으로 사람의 열배 정도가 된다. 자기 몸의 열배가 되는 소를 부리는 일은 엄청난 도전이다. 어쨌거나 자기 몸무게의 10분의 1밖에 되지 않는 사람에게 아무 소리 못하고 시키는 일을 다 하는 소는 온순한 동물임에 틀림이 없다. 소가 착해서 그럴까 생각해 보지만 그것만은 아닐 것이다. 소를 달래는 데는 한계가 있다. 달랜다고 달래질 소라면 애초에 코뚜레는 하지도 않았을 것이다. 이리 뛰고 저리 뛰는 송아지를 잡아다 목매기를 하고 코를 뚫어 꿰어야 일을 시키기 좋단다. 이렇게 코를 뚫어서 코뚜레를 하고 길을 들여야 소가 고분고분해진다. 코뚜레를 하는 순간 소는 더 이상 자유의 몸이 아니다. 사람도 가끔씩 코가 꿰이지 않는가.

코뚜레는 향나무(보통 행나무라 부른다), 노간지나무(가시가 있어 따갑다), 낙엽송, 다래나무 등으로 만드는데 지방마다 조금씩 차이는 있다. 노간지나무는 주로 물에 불려서 만든다. 물에 불린 노간지나무를 휘어서 구멍을 뚫어 끼운 다음 못을 박아 고정한다. 다래나무는 휘어서 서로 묶어 만든다. 하지만 이렇게 만든 코뚜레는 폼이 잘 나지 않는다. 소에게 가장 잘 어울리는 코뚜레는 향나무나 노간지나무로 만든단다.

나무로 만든 코뚜레는 2, 3년 정도 쓴다. 부러지면 바로 다시 갈아줘야 하기

소에게 더 이상 워낭이나 코뚜레는 필요 없게 되었다. 어미 소가 가지고 있던 워낭과 코뚜레는 외양간 문밖에 훈장처럼 걸려 있다.

때문에 여유분을 만들어 두는 게 보통이다. 나무는 겨울에 준비해서 만드는데 붉은 심이 들어가 있는 나무를 써야 잘 안 부러진다.

요즘은 쇠로 만든 코뚜레를 많이 쓴다.

쇠로 만든 코뚜레는 소가 태어나서 코뚜레를 하고 죽을 때까지 하나만 있으면 된다. 하지만 나무는 잘 부러지기 때문에 여러 개를 한꺼번에 만든다. 보통 일 년에 하나씩 잡는데 잘 쓰면 몇 년을 쓸 수도 있다. 어린 소는 작은 코뚜레를 하지만 소가 자라면서 조금씩 더 큰 것으로 만들어준다. 소에 비해 코뚜레가 너무 크면 큰 안경을 쓴 사람처럼 소도 어리바리해 보인단다. 소를 잘 부리려고 끼우는 코뚜레일망정 예쁘게 만들어 주고 싶은 게 농부의 마음이다.

어린 송아지는 목줄을 걸고 지낸다. 좀 더 자라서 힘이 세지고, 고집을 걷잡을 수 없게 되면 코뚜레를 한다. 고기를 얻을 목적으로 소를 키우는 요즘에는 코뚜레를 할 필요가 없지만, 일소를 만들려면 반드시 코를 뚫어서 코뚜레를 끼워야 했다. 코뚜레 하는 시기를 놓쳐 코를 뚫으면 소가 너무 괴로워하기 때문에 시기를 잘 맞추어야 한다. 양 콧구멍 사이의 살이 얇은 부분을 뾰족하게 깎은 나무로 뚫어 구멍을 내는데, 너무 자라기 전에 해주어야 소도 사람도 덜 힘들다

강원도 삼척에서는 단오를 '소 코뚜레 끼우는 날', '소 시집가는 날', '쇠 코 뚫는 날', '소 군둘레 끼우는 날'이라 해서 음식을 차렸다. 농촌에서는 소를 하나의 인격체로 다루었고, '소 시집가는 날'은 소가 거쳐야만 하는 통과의례였다.

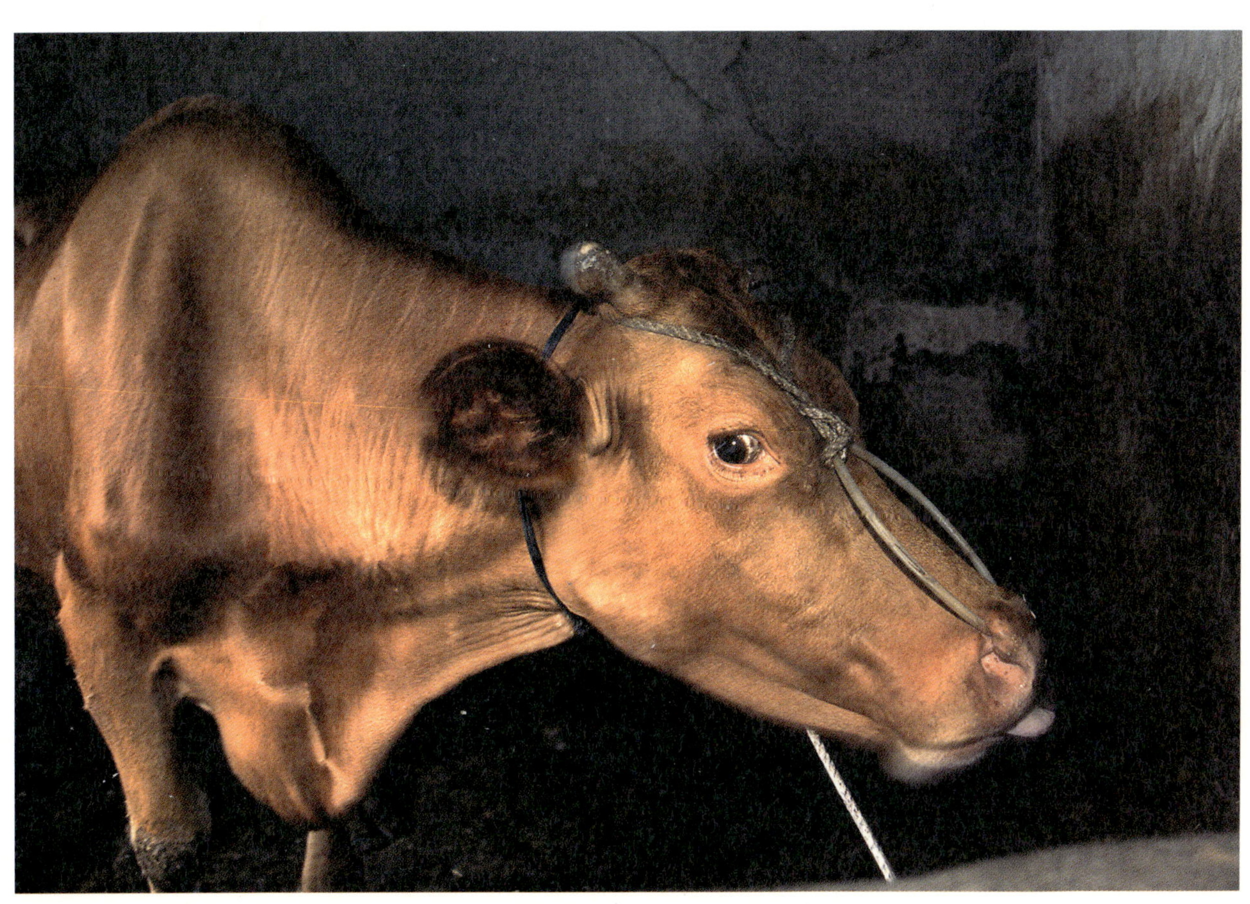

강원도에서는 코뚜레를 곤두레라고 부른다. 하소(강원도에서는 황소를 이렇게 부른다)는 힘이 세서 나무 코뚜레를 하면 쉽게 부러진다. 송아지는 어미를 따라 다니기 때문에 따로 코뚜레를 하지 않지만, 조금 자라면 코뚜레를 하고 고삐를 매게 된다. 예전에는 코를 뚫고 난 다음 오줌 한바가지 퍼주는 게 전부였다.

# 고삐

코뚜레를 하고 난 소는 고삐를 맨다. 고삐를 매었다고 처음부터 사람 말을 잘 듣지는 않는다. 하지만 고삐를 세게 당기면 코에 걸려 있는 코뚜레 때문에 꼼짝없이 말을 들어야 한다. 고집 센 황소는 사람 말을 듣지 않고 제멋대로 날뛴다. 느린 소도 성낼 적 있다고 했다. 하지만 어찌하랴. 코 꿰이고 고삐에 매인 몸인데. 처음에는 소도 버티다가 채찍으로 한두 대 맞으면 숙명이라 여기게 된다. 매를 맞아야 더 이상 매를 맞지 않는단다.

고삐는 볏짚과 왕골에 삼을 섞어 새끼를 꼬아 만들었다. 보통 두 겹의 새끼를 접어 꼰 겹새끼를 고삐로 썼다. 이 고삐는 생살을 뚫은 코뚜레를 연결한 굴레에 잇는다.

고삐를 아래위로 치면서 '이랴' 하면 앞으로 가고, 고삐를 세게 당기면서 '워' 하면 선다. 처음에는 말을 알아듣지 못하지만 몇 번씩 고삐를 당기고 한두 대 때리면 쉽게 알아듣는다. 잘못 알아들어 옆으로 새거나 딴 짓을 하면 채찍을 맞는다. 그래서 소도 가끔씩 곁눈질로 주인의 표정을 살핀다. 똑똑한 소는 어린 아이가 고삐를 잡아도 말을 잘 듣고 제 갈 길을 알아서 척척 간다.

13년 전 나는 전주를 지나고 있었고 내 앞에 나타난 풍경은 우연이었다.

처음 소 사진을 찍을 때는 이렇게 많은 것들이 사라질 줄 몰랐다. 그저 그 자리에 있었기에 셔터를 눌렀다. 그 세월이 벌써 15년 흘렀고 많은 것이 달라졌다. 사라진 것들이 너무 많다.

# 굴레

굴레를 벗었다. 굴레는 말이나 소 등을 부리기 위하여 머리와 목에서 고삐에 걸쳐 얽어매는 줄이다. 그 줄을 매는 순간부터 소는 일에서 벗어날 수 없다. 본디 인간이 씌운 소의 굴레는 일하는 것이었다. 태어나서 코뚜레를 하는 순간부터 죽을 때까지 일만 하면 되었다. 일하는 소들이 사라지면서 소들은 그들의 굴레를 벗었다. 대신 귀표를 하나씩 달았다. 평생 그들의 굴레처럼 뼈빠지게 일하지 않아도 된다. 그것이 행운인지 불행인지 알 수가 없지만 그렇다고 자유롭지는 못하다. 굴레를 벗는 대신 그들은 하늘이 내린 생명을 보장받을 수 없게 됐다. 그러면서 하나의 고귀한 생명이 아닌 길러지는 음식으로 바뀌었다. 농부와 더불어 농사를 지으며 한 평생 살던 그들의 삶도 영농기계화로 인해 바뀌기 시작했기 때문이다. 한 생명으로 대접받으며 농부와 힘을 합해 일하던 시절이 사라지고 농부는 이제 고기를 얻기 위해서, 잘 키워서 좋은 육질을 얻기 위해서만 소를 키운다.

인간이 씌운 굴레를 벗었지만 인간 때문에 더 큰 굴레를 안고 살아가게 되었다.

일하는 것이 소의 본래 일이었으니, 그들은 죽어야 일에서 벗어날 수 있었다. 죽지 않고도 일에서 벗어났지만 이제 그들의 삶은 삶이 아니다.

귀표를 단 뒤로 소도둑이 사라졌다. 누구네 집 소를 찾던 시대도 지나가고, 소를 잃어버려 며칠씩 발을 동동 구르던 일도 없어졌다. 모든 것은 컴퓨터에 등록되어 있다. 소가 팔려도, 소를 도살하려 해도 귀표가 있어야 한다. 소 및 쇠고기 이력관리에 관한 법률에 따라 귀표가 없는 소는 유통도 도축도 할 수 없다.

소가 농사꾼이 아닌 고기가 되면서 귀표가 중요해졌다. 노동의 굴레를 벗는 대신 귀표를 단 소는 더 크고 무거운 굴레를 안았다. 이 또한 사람이 씌운 것이다. 굴레를 쓰고 일하던 시절을 그리워하지는 않을까. 한평생 거품 물고 일만 할지언정 소로 태어나 사람대접 받으며 살아가는 것을 하늘이 내린 축복이라 생각하지 않았을까.

# 부리망

고구마나 감자를 캘 때도 소의 힘을 빌렸다. 쟁기를 깊숙이 집어넣고 소를 몰면 고구마 감자가 땅 위로 쏟아 오른다. 이때 소가 먹지 못하게 하려고 부리망을 씌운다. 일종의 마스크인 셈이다. 부지런히 일해야 일을 마칠 수 있는데 소가 딴 곳에 마음이 가 있으면 일을 제때 끝내지 못하기 때문이다. 먹을 것을 앞에 두고 먹지 못하는 소의 심정이 오죽하겠나.

논밭을 갈 때도 두렁에 있는 풀을 먹지 못하도록 부리망을 씌운다. 또 논두렁에 심은 콩과 논에서 익어가는 벼를 훑어 먹지 못하도록 한다. 그런데도 재빠른 소는 잘 익은 벼를 혓바닥으로 훑어 먹어서 야박한 논 주인과 실랑이를 벌일 때도 있다. 그러나 이미 소 뱃속으로 들어간 것을 어쩌겠는가.

일찌감치 부리망을 씌워 놓으면 딴 마음을 먹지 않는다. 성질 나쁜 놈은 부리망을 벗으려고 대가리를 이리저리 흔들고 성질을 부리지만 조금 지나 포기하고 만다. 일하다 말고 한눈을 팔면 소나 사람이나 괴롭기는 마찬가지다.

본래 가는 새끼를 엮어서 그물처럼 입모양에 맞게 만들었다. 입에 씌우고 끈으로 목에 고정시킨다. 세월 따라 그 재료도 새끼에서 나일론 같은 합성 줄로 바뀌었다.

2353

지방마다 부르는 말이 여러 가지다. 망울(제주), 머구리(경북), 머거리(충북), 소찌그리(경남), 쇠망(경기, 충남), 입멍(충북), 찌그리(경남)라고 부른다. 멍이라고도 부른다.

소는 예로부터 일을 시키려고 키웠지
고기 먹을 목적으로 키우지는 않았다.

풍경2

# 거품 무는 소

오랜만에 밭에 나온 소는 숨이 턱까지 차올라 금방이라도 쓰러질 것 같다.

주인은 사정을 봐주지 않는다.

잠시 쟁기를 땅에 박아 놓았다.

헐떡이던 숨을 참는다.

소는 한번 쓰러지면 그날 중으로 일어서기가 힘들다.

오늘 하루 밭갈이를 끝내야 한다.

소는 힘겹게 밭일을 하고 있는데

염치없는 닭은 곁에서 먹이만 찾고 있다.

소의 팔자가 기구하고, 닭의 팔자가 편 것인지 알 길이 없다.

계속 구구대는 닭들이 거품 무는 소의 곁을 떠나지 않는다.

거품을 물다 잠시 쉬는 틈에도 소는 도망가지 않는다.

철부지 아이라면 쟁기를 내동댕이치고 달아날 텐데.

이 일이 끝나야 집에서 편히 쉴 수 있다는 것을 아는 걸까.

그래도 소가 힘들어 보인다.

몇 번의 채찍질이 오가고 나서야 똑바로 걷는다.

부리는 사람이나 부림을 당하는 소나 힘들기는 마찬가지다.

누가 누구를 부리는 지 알 수 없지만 서로가 같이 살지 않으면 의미가 없는 삶이다.

소를 모는 농부는 하늘이 내린 직업을 다하고 있다.

농부나 소나 제 할 일을 할 뿐이다.

일소는 입이 넓어야 좋다. 배는 크고 처지지 말아야 하고, 앞가슴은 벌어져야 하고, 털은 짧고 윤기가 있어야 한다. 얼굴과 배, 엉덩이에 흰점이 없어야 하며 눈은 우묵하니 깊어야 한다. 뿔은 뒤로 재껴지거나 앞으로 튀어나오지 않고 곧바로 하늘을 향해야 한다. 이것이 일소를 보는 기본 상식이란다. 이것 말고도 성질이 순해야 하고 멍에 자국이 있어야 한다는 등 농부마다 눈여겨보는 일소의 자격 요건들이 많다.

애플사의 아이폰 생산 공장으로 유명한 폭스콘에 로봇을 도입하기로 했단다. 120만 명의 노동자들은 로봇에게 그 자리를 내주어야 할 것 같다. 오늘날 노동자들도 일소와 다름없다.
묵묵히 고랑을 따라 가는 소가 힘들어 보인다. 힘들어도 힘들다고 말을 못하는 게 우리의 삶과 닮았다. 입에서 허연 거품이 밀려 나오는 것을 보니 잠시 쉴 때가 되었다.

1203

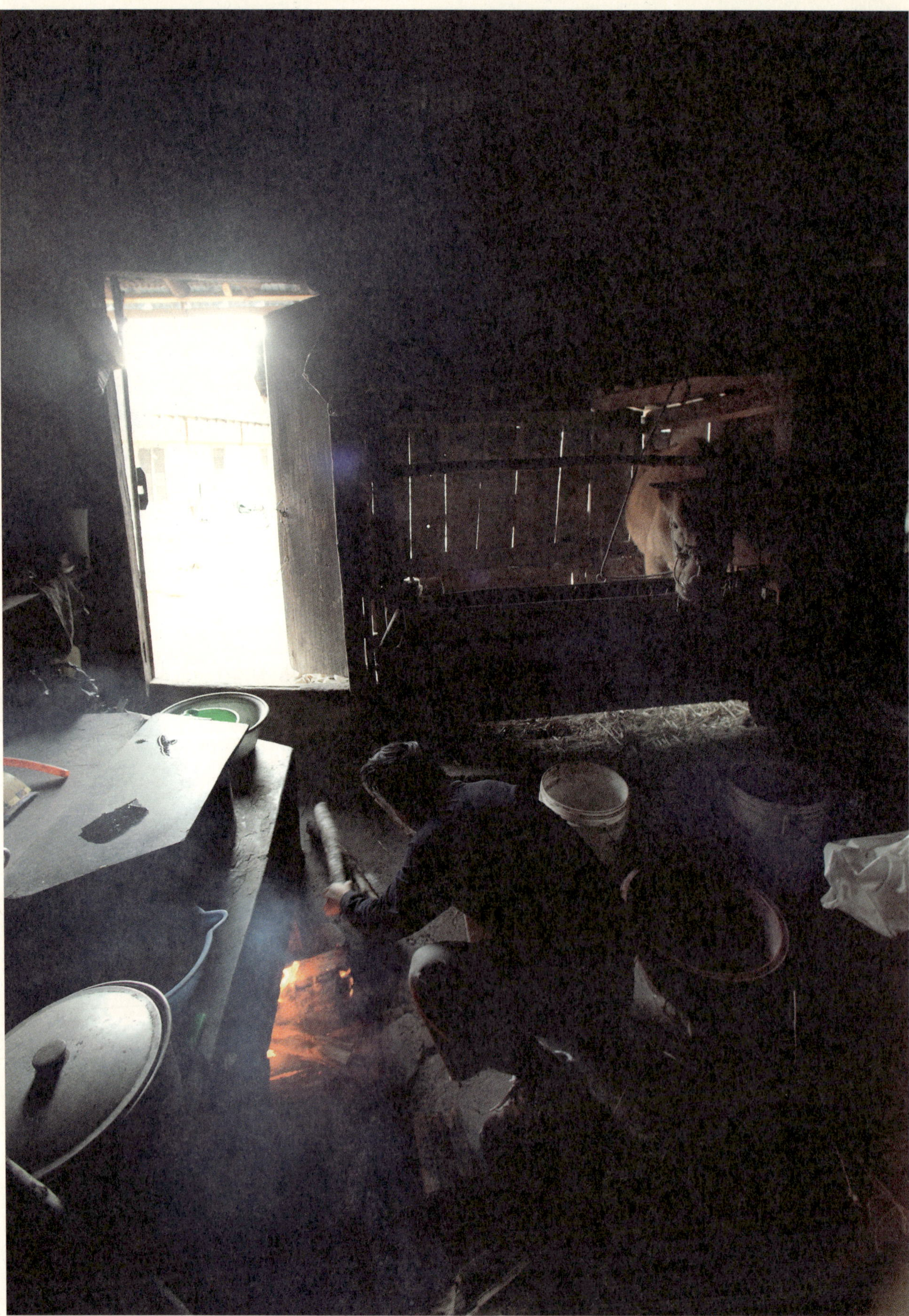

## 소죽

가마솥 아래 아궁이에서 따닥따닥 나뭇가지 타는 소리가 경쾌하게 들린다. 한참을 끓이다 보면 솥에서 김이 폴폴 나기 시작한다. 그리고 특유의 소죽 냄새가 퍼진다. 그 맛을 아는지 소는 입맛을 다신다.

소죽을 끓이면 특유의 냄새가 난다. 처음 맡는 사람들에게는 퀴퀴할 수도 있다. 부엌에서 나온 구정물과 볏짚을 섞어 끓인 냄새가 그리 향기로울 리 없다. 풀이 나지 않는 겨울에는 이것저것 넣고 죽처럼 쒀서 먹이는데 이를 소죽이라고 한다.

소죽을 먹고 자란 소는 사료를 먹인 소만큼 살이 쉽게 오르지 않는다. 하지만 새끼를 잘 낳는단다. 소죽에는 나무, 고추 등 여러 가지를 넣는다. 여유가 있는 집에서는 콩을 넣기도 하고, 겨울에는 볏짚을 썰어 넣는다. 볏짚이 질기기 때문이다. 새벽부터 소죽을 끓이기 위해 작두로 볏짚을 잘게 썬 다음 끓는 물에 넣어서 펄펄 끓인다. 요즘은 가마솥에 끓이지 않고 발효시킨 볏짚과 사료를 섞어 그냥 먹인다. 그래도 소는 잘 먹는다.

조선시대에도 겨울에는 외양간을 따뜻하게 했다. 최대한 부엌과 가까이 있었고, 소죽을 쑤어서 외양간의 온기를 유지했다.

별식으로 막걸리도 먹이고 콩도 먹였다. 옷도 입히고 바람막이(삼장, 덕석)도 등에 덮어 새끼로 묶었다.

17세기 초 이유태가 가속들에게 살림요령으로 남긴 〈정훈〉이라는 글을 보면, 소 한 필의 1년 먹이로 콩 한 섬을 책정했다고 나온다. 일소 한 마리가 먹는 양은 어른 두 사람 식량이라 했다.

풀만 먹고도 소는 일을 잘한다. 하지만 풀이 쇠기 시작하면 사람들이 만들어 주는 먹이를 먹을 수밖에 없다. 질긴 볏짚을 가마솥에 끓이거나 요즘처럼 발효시킨 볏짚을 썰어서 그냥 준다. 이듬해 봄이 올 때까지는 질려도 매일 볏짚을 먹어야 한다.

옥수수 알맹이는 사람이 먹고 껍질은 소가 먹는다. 옥수수를 키운 밭도 저 소가 갈았으리라.

부엌에서 저녁 준비를 하면 배고프다고 보채는 이는 아이가 아니라 소다. 고개를 쳐들고 입맛을 다시며 밥 달라고 소리친다. 오후 내내 벗겨낸 옥수수 껍질은 벌써 다 먹어 치웠다. 저 큰 덩치의 배를 다 채우려면 얼마나 많은 풀을 더 줘야 할까.

63-0198

이순원의 소설 〈워낭〉에 나오는 검은 눈 소가 아마도 이렇게 생겼을 것이다. 조상 대대로 내려오는 소의 씨를 받았다고 하는데 정통 한우라 인정을 해주지 않는다. 잡종 취급을 하지만 아버지, 할아버지가 키우던 소의 씨를 받았으니 농부는 그 자부심이 대단하다.

구유는 소나무로 만들었다. 소나무를 잘라서 짜구로 구덩이 파서 만들었다. 여물통은 늘 물에 젖어 있고, 소 혓바닥이 매일 닿기 때문에 반들반들하다.

Gift Set

## 소꼴

소꼴을 먹이는 일은 주로 아이들이 맡았다. 덩치 큰 소가 아이들 말을 고분고분 잘 듣는 게 신기한 일이다. 농사 일이 바쁜 어른들은 소꼴 먹이는 일까지 신경 쓸 틈이 없었다. 아이들은 바쁜 농사철에도 소꼴을 먹이며 공식적으로 놀 수 있었다. 소를 신경 쓰지 않고 놀기 위해 소를 골짜기로 몰아넣는다. 고삐는 소 머리에 감아둔다. 고삐가 나무 등지에라도 걸리면 소가 옴짝달싹 못하게 되기 때문이다. 그러고 나면 소가 무엇을 하는지는 안중에도 없다. 그러다 가끔씩 해가 꼴딱 넘어가도록 노는 데 정신이 팔려 소를 잃어버리는 경우도 있다. 혼쭐이 날 각오를 하고 터덜터덜 집에 오면 아이보다 영리한 소는 벌써 집에 와 있었다.

아이들은 지게에 한 짐 소꼴을 베어다 놓고 나서야 놀 수 있었다. 소꼴 먹이는 것보다 노는 게 훨씬 중요했던 아이들은 소를 기르지 않는 집 친구를 부러워하기도 했다.

이른 봄풀은 독해서 소의 혓바늘을 돋게 한다. 제초제를 뒤집어쓰고 누렇게 말라 죽을 운명이었던 논두렁과 밭두렁의 풀들이 소의 입으로 들어간다. 그 풀들은 소의 위를 지나 소똥이 되어 다시 풀밭으로 나올 것이다.

송아지는 좀체 어미 곁을 떠나지 않는다. 굳이 고삐를 매지 않아도 어미가 가는 길이면 일터라도 마다하지 않는다. 일이 끝나기를 마냥 기다리기도 하고, 앉아 잠시 졸기도 한다. 훗날 자기도 저 자리에서 일을 해야 한다는 걸 까맣게 모르고 말이다.

# 되새김질

소는 풀이 밥이다. 커다란 덩치가 풀만 먹고 일을 한다는 게 믿기지 않지만 자연의 이치다. 그러고 보면 고기를 먹어야 힘을 쓴다는 말은 더 많은 일을 시키기 위한 사람들의 수작이라는 소로우의 말이 틀리지 않는 것 같다. 풀만 먹는 관계로 소의 밥통은 네 개다. 초식동물들이 다 그렇듯 부지런히 풀을 뜯어 일단 위에 집어넣고 본다. 그리고 혼자 있기 좋은 곳에 가서 앉아 다시 게워내 되새김질을 한다. 되새김질은 밥통에 넣어둔 풀을 거꾸로 올려서 되씹는 일이다. 커다란 윗입과 아랫입을 번갈아 움직이면서 씹는 모습이 우습게 보이지만 그들로서는 중요한 일을 하고 있는 것이다. 앞만 보고 앉아서 입만 연신 돌려대는데 꼭 껌 씹는 것 같지만 되새김질의 의미는 남다르다. 사람도 소도 육식을 하면서 문제는 심각해졌다.

논둑에서 자라는 콩을 주인 몰래 한 입 집어 삼킨다. 행여 낟알을 입으로 훔치다가 주인에게 들켜 호되게 야단을 맞기도 한다. 소에게 충분한 여물을 주지 못한 주인은 못 본 척 하지만, 논 주인에게 들킨 날에는 소 때문에 괜히 사람 싸움으로 번지기도 한다.

6381

암소 한 마리만 있으면 쓰러져 가는
집안도 일으켜 세운다는 말이 나올
정도다. 그도 그럴 것이 일 년에 한
마리씩 또박또박 새끼를 낳아주면
그만한 안정적인 수입이 없다.

마당 한켠을 차지한 소 주차장에서 해바라기를 하고 있다. 소의 이름은 없다. 그저 이랴, 워로 의사 표현을 하고, 또 그렇게 받아들이고 있다. 사람과 동물의 믿음으로 전해지는 암묵적인 신호가 있다. 해 그림자가 사위어 갈 즈음 따뜻한 외양간으로 들어간다.

# 소똥

조심하지 않으면 소똥을 밟는 게 하루 일과의 시작이었다. 요즘은 애완동물 산책시킬 때 비닐봉지를 가지고 다니면서 똥을 치우지 않으면 벌금을 물지만 그때는 아무런 제재가 없었다.

철퍼덕철퍼덕 소 똥 누는 소리는 어찌나 시원한지. 뒤에서 소를 몰던 사람도 소가 똥을 누기 시작하면 다리를 양쪽으로 벌려 튀는 똥을 피해야 한다. 그 모습이 얼마나 우스꽝스러운지. 걸어가면서 똥을 누는 것은 소밖에 없을 것이다.

어린 시절 소똥을 밟으면 운이 좋다는 말을 듣고 일부러 소똥을 밟곤 했다. 앞에 소똥이 보이면 못 본 척 살짝 밟고 지나곤 했다. 그리고 하루 종일 무슨 좋은 일이 생길까 기대하면서 하루를 보냈다. 사실 엄마가 맛있는 걸 사주지 않을까 혹은 동전을 줍지는 않을까 하는 기대를 가졌지만 그런 일은 좀처럼 일어나지 않았다. 하지만 소똥을 밟으면 운 좋은 일이 생긴다는 믿음은 한동안 없어지지 않았다.

《동문선》제18권 〈북행〉에 보면 '쇠똥 주어 아침 취사 장작을 대신하리'라는 구절이 나온다. 1970년 우도에 대한 신문기사에는 '이곳에서 가장 중요한 것이 두 가지다. 식수와 연료다. 이중 연료로 사용하는 중요 땔감이 조릿짚과 쇠똥 말린 것'이라고 나온다. 당시 연탄 한 장이 삼십 원이었다니 소똥만큼 중요한 게 없었다. 시대가 변하면서 에너지 효율이 떨어져 거의 쓰지 않게 되었지만 장작을 대신해 아침밥 지을 정도면 쓸 만하지 아니한가.

외양간의 소똥을 모아 거름을 하는 것은 보통이었다. 소똥을 마당에 잔뜩 쌓아놓고 봄이면 밭으로 옮겨 거름을 만들었다. 마당 한가득 쌓여 있던 소똥. 늘 그것이 왜 마당에 쌓여 있어야 하는지 영문을 모르던 유년 시절, 그 특유의 냄새가 지금도 코에 얼얼하다.

## 우시장

우시장은 쇠전, 쇠장, 소시장이라고도 부른다. 하지만 공식 명칭은 가축시장이다. 소를 사고파는 사람들은 보통 농민들이지만, 농민들 이외에 소를 몰고 와서 파는 전문 유통 상인들이 대부분이다. 이들을 옛날부터 쇠장수라 불렀다. 요즘 말로는 우상인이다. 수십 년 전에는 소몰이꾼을 데리고 다녔지만 세월이 흘러 고기소를 사고파는 상인으로 바뀌면서 소 운반용 트럭으로 한꺼번에 수십 마리씩 싣고 다닌다. 산업이 그리 발달하지 않았던 1960~70년대는 우시장에서 이들의 영향이 꽤 컸다. 우시장에서 소를 중개하는 사람들을 예전에는 쇠거간, 쇠살쑤 등으로 불렀다.

1970년대 우시장에서는 집에서 키우는 일소를 팔려고 나온 사람들이 많았다. 농사일을 하는 소의 노동력이 중요하던 시절이라 소의 생김새, 성질, 일을 배웠는가 안 배웠는가를 보고 소의 값을 매겼다. 일을 배우지 못한 소는 덩치가 아무리 좋아도 제값을 받지 못했다. 그래서 그 당시에는 소를 볼 줄 아는 중개인의 역할이 컸다. 일소는 대부분 2, 3월에 많이 나왔는데 자식들 대학 등록금을 마련하기 위해 애지중지 키우던 소를 내다 팔아야 했던 사정도 작용했다. 그래서 2, 3월에는 유난히 소 값이 떨어진다는 말이 나돌았다. 대학을 상징하는 상아탑을 우골탑이라 불렀던 것. 그만큼 재산으로의 가치도 컸던 소다. 그 무렵 송아지 한 마리 값은 15만원선, 일소 한 마리 값은 40만원에서 50만원 정도였다. 국립대학 등록금이 4만원에서 5만원 정도였다니 소 한 마리 팔면 자식 대학 공부는 시킬 수 있었다는 말에 가슴이 설레었다.

이후 대학 등록금은 천정부지로 뛰어 놀랐지만 소 값은 그리 많이 오르지 않았다. 1980년대 소 값 파동 이후 소 값은 영영 대학 등록금을 따라잡지 못했다. 지금은 소 두어 마리 팔아야 한 학기 등록금도 댈까 말까 한다니 느린 소가 세월을 따라잡지 못했나 보다. 반값 등록금이 이슈인 2011년, 소 값은 대학 등록금에 비하면 개 값밖에 안 된다는 말이 나올 법도 하다. 우골탑이 스러진 자리 학자금대출탑이 서고, 그 탑을 딛고 선 이 땅의 수많은 젊은이들은 신용불량의 굴레를 썼다. 장정 예닐곱 몫을 하고, 언니 오빠 대학 등록금까지 대 생구로 대접받던 소의 시대는 이제 다시 오지 않을 것 같다.

소도 말상이 있다. 아무리 일을 잘 한다 해도 말상이면 대접을 제대로 받지 못한다. 우시장에 내놔도 잘 팔리지 않는다. 소도 사람처럼 생김새가 다 다르다. 뿔 모양, 눈 모양, 얼굴 생김이 조금씩 다르다. 소를 처음 보는 사람들은 다 비슷비슷해 보인다고 하지만, 소 주인은 한눈에 자기 소를 알아본다.

우시장은 동이 트기 전에 열린다. 여명이 채 가시기 전 여기저기 소 울음소리가 울려 퍼진다. 팔려나온 신세를 아는지, 하늘을 우러러 목청껏 우는 소의 울음소리가 예사롭지 않다. 짐승도 제 처지를 운명으로 알고 있는 것 같아 팔려 나온 사람들의 마음도 그리 편치만은 않다.

2008년1월부터 브루셀라병 조기근절을 위해 사육우전두수
정기 검사 및 모든 거래소의 검사증명서 휴대가 의무화 됩니다
4

근 50년 동안 소 값은 계속 떨어지고 사료 값은 계속 올랐다. 사료 값이 너무 비싸 소 키우기가 힘들다는 이야기는 1970년대부터 수도 없이 기사로 쏟아졌다. 사료 값 걱정 없이 소를 먹일 날이 올까. 옛날처럼 풀 베어다 먹이면 모든 것이 해결이 될런지.

팔아도 서운하고 못 팔아도 서운한 게 소다. 특히 일소는 더 그렇다. 소를 산 새 주인이나 소를 판 옛 주인이나 표정이 신통찮은 것은 마찬가지다. 새 주인과 옛 주인 사이 큰 눈만 껌벅거리면서 무슨 영문인지 모르는 송아지만 말짱하다.

'소고집과 닭고집이다' 라는 속담이 있다. 하고 싶은 대로 하고야 마는 소나 닭처럼 고집이 몹시 셈을 비유적으로 이르는 말이다. 말 그대로 소고집은 아무도 못 말린다. 소는 본래 온순한 동물이지만 한번 고집을 피우면 아무도 꺾지 못한다. 그러나 목줄에 매였으니 그 고집도 오래가지 못한다. 버틸 만큼 버티다가 소고집처럼 그냥 주저앉고 말았다.

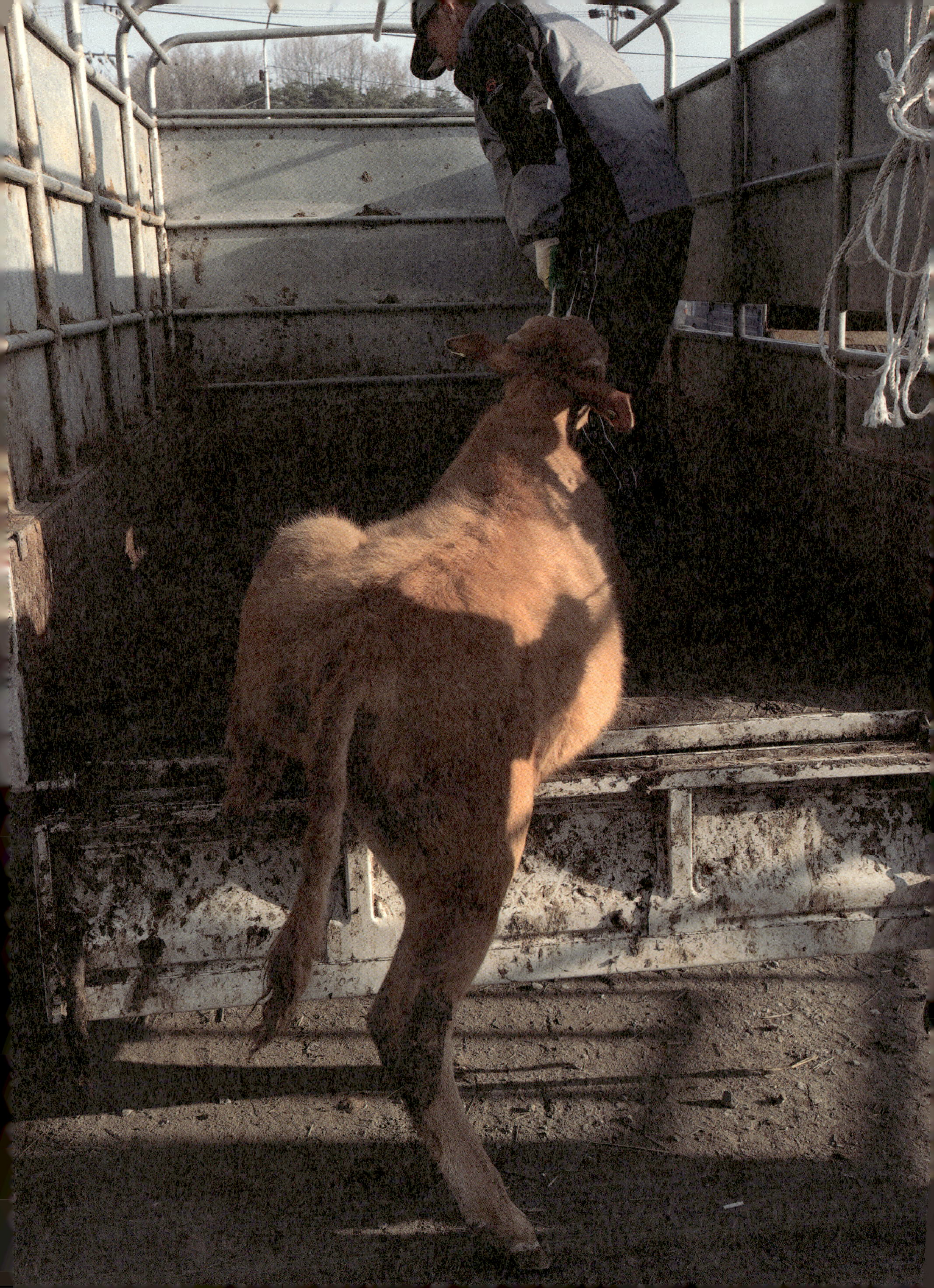

트럭에 오르지 않으려고 젖 먹던 힘을 다 쓰는 소, 끌어올리려고 젖 먹던 힘을 다하는 새 주인. 한순간에 주인이 바뀐 상황에 불안한 소는 버틸 대로 버텨보지만 힘의 균형은 오래 가지 못한다.

작정을 하고 소를 찾아다닌 때도 있었지만, 대부분 소를 만난 것은 우연의 일치였다. 우연이 필연이라는 말처럼 이제껏 만난 소들이 나에게 필연이었는지도 모른다. 우연을 가장한 만남을 재촉할 때는 늘 허탕을 치기 일쑤다.

여기에 나온 소들은

늙어서 일손을 놓았거나 이미 이 세상 소가 아니다.

그들 대부분은 일을 놓고 늙어서 죽었다.

요즘 소들처럼 요절하지 않았다.

내가 왜 그렇게 소에 연연했는지 모른다. 전생에 소가 아니었을까 아니면 다음 생에 소로 태어나지 않을까… 수많은 소들을 만나면서 스쳐가던 생각들이었다. 게으른 사람은 소로 다시 태어난다고 했다. 하지만 어찌 하나 이제는 소로 다시 태어나도 빈둥빈둥 게으르게 살다 갈 수밖에 없는 것을. 그것은 소의 선택은 아니다.

# 사진 목록

책에 실린 순서대로 편집 전 전체 모습을 실었습니다.

강원 강릉 2010

강원 정선 2010

충북 괴산 2002

경남 남해 2002

강원 영월 2001

경남 남해 2002

강원 정선 2001

경남 사천 2001

경북 영주 2001

충남 금산 2001

강원 정선 1998

충남 금산 2001

강원 평창 1999

강원 평창 1999

강원 평창 1999

경남 남해 2002

강원 평창 1999

강원 평창 1999

경남 남해 2002

경기 여주 2011

경남 함양 2001

경남 함양 2001

전북 완주 2003

경기 여주 2011

강원 태백 2010

강원 영월 2001

전북 남원 2001

강원 태백 2010

강원강릉 2010

강원 정선 2001

강원강릉 2010

강원강릉 2010

강원 강릉 2010 강원 정선 2010 강원 강릉 2010 강원 고성 1998

강원 고성 1998 전북 완주 2003 강원 정선 2010 경북 영양 2001

충남 금산 2005 전남 진도 1998 전남 진도 1998 전남 진도 1998

전남 진도 1998 강원 정선 2010 강원 정선 2010 충북 괴산 2002

전북 완주 2003 충북 옥천 1999 충북 옥천 1999 강원 평창 1999

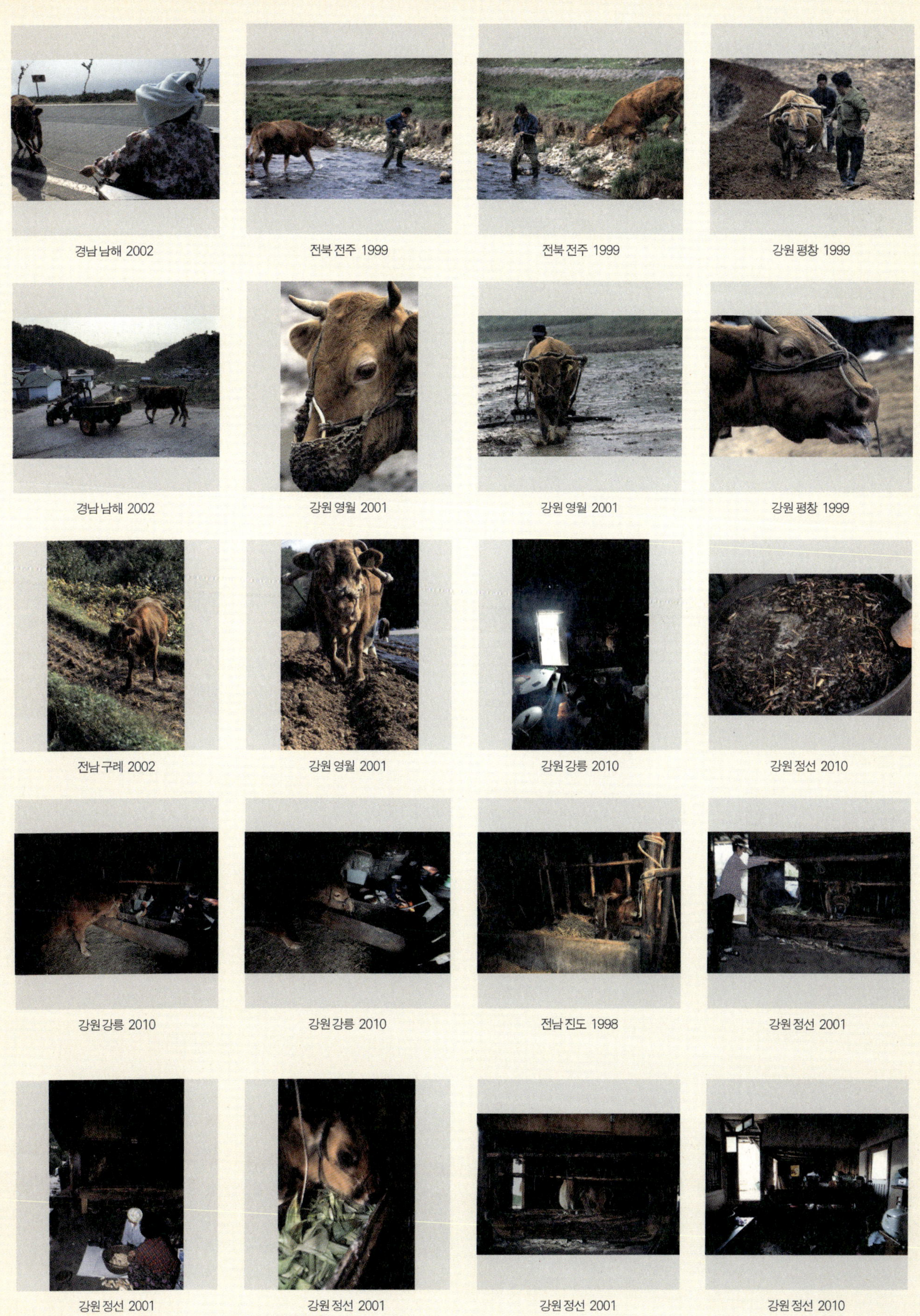

경남 남해 2002
전북 전주 1999
전북 전주 1999
강원 평창 1999

경남 남해 2002
강원 영월 2001
강원 영월 2001
강원 평창 1999

전남 구례 2002
강원 영월 2001
강원 강릉 2010
강원 정선 2010

강원 강릉 2010
강원 강릉 2010
전남 진도 1998
강원 정선 2001

강원 정선 2001
강원 정선 2001
강원 정선 2001
강원 정선 2010

경남 함양 2001 | 경남 함양 2001 | 강원 정선 2001 | 강원 고성 1998

강원 정선 2001 | 강원 강릉 2010 | 강원 강릉 2010 | 충북 괴산 2002

강원 강릉 2010 | 강원 강릉 2010 | 강원 영월 2001 | 충북 괴산 2002

경북 예천 2008 | 경북 김천 2002 | 경북 예천 2008 | 경북 예천 2008

경북 김천 2002 | 경북 예천 2008 | 경북 예천 2008 | 경북 예천 2008

경북 예천 2008

경북 예천 2008

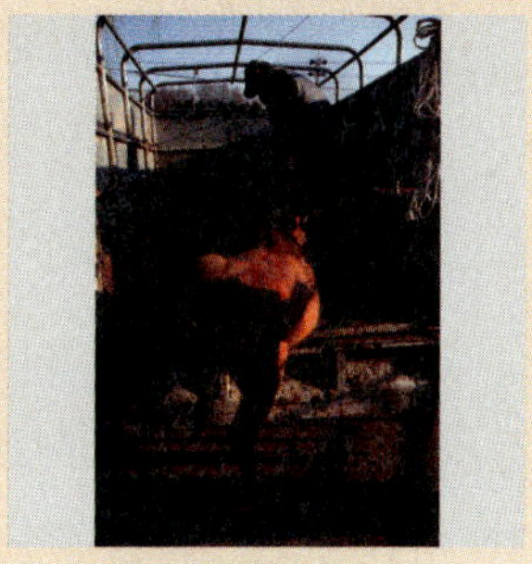

경북 예천 2008

경북 김천 2002

강원 정선 2010

전남 순천 1998

충남 금산 2001

충남 아산 2001

충남 금산 2005